나의 하느님이 물에 젖고 있다

미래시선 97

나의 하느님이 물에 젖고 있다

이병창

미래문화사

그 동안 유고 시집이나 생각하고 살아오다가
원고 정리를 마무리 지으면서 펜을 드니
"내일 죽고 어제 묻어 오늘 산다"는
다석 유영모님의 말씀이 떠오른다.
나는 이 말밖에는 할 말이 없을 것 같다.
최루의 연기 속에서 불우한 시대를 탓하고
절망하기도 했었지만
지나온 세월은 나의 원음(原音)을
나의 오늘을 만나기 위한 과정이었다
이 과정 속에서 태어난 것이 나의 시편들이다
시의 하늘에는 어떤 철조망도 없다
나는 이 하늘을 사랑한다
이 금 없고 선 없는 평화로운 세계 속에서

이 땅의 모든 이들이 살아갔으면 싶다.

1, 2부는 90년대의 시를,
3부는 70, 80년대를,
4부는 신앙시편으로 정리하였다.

창 밖에는 지지도 않고 뜨지도 않는 태양이
빛나고 있다.
    일체 은혜 감사―

1997년 늦가을
전주, 모악산을 바라보며
이 병 창

차례

이병창 시집/나의 하느님이 물에 젖고 있다

제3부 황토현에서

제1부

·

그대에게

금강석

나의 전생은 숲이었습니다
잎사귀 무성한 나무였습니다
숲 이전에는
나무 이전에는 햇빛이었습니다
나는 내 가슴 속에 빛을
담고 있는 햇빛입니다.

벼

내가 한 알의 씨앗으로 떨어진 이후
참 정신 없이 살아왔었지
나는 삶이란 싸움이요
투쟁인 줄 알았어
온몸으로 부대끼는 고통의
연속인 줄 알았지
반란의 창날 같은 자존의
끝을 세우며
숨막히는 무더위와
땡볕으로 갈라지는 논바닥에서
내가 늘어진 적이 몇 번이었던가
그 혼절의 현기증 속에서
지옥이란 저승에 있는 것이
아님을 알게 되었지
지금은 시월
나는 서늘한 바람을 온몸으로 즐기며
흔들리고 있지
씨앗이 열매가 되고
열매가 다시 씨앗이 되는 세월 속에
나의 하늘이 있었음을

알게 되었지
세상은 늘 좋은 일만 있는 것임을.

어머니

이건 아니야
이건 나로 사는 게 아니야 하고
머리를 흔들 때
당신은 나를 바라보고 있습니다.
오늘처럼
내 가슴의 산천들이 깨어날 때
늘 예배당의 마루를 눈물로 적셔 온
당신의 눈물이
내 열병의 이마 위에 뿌려지고 있습니다

당신의 길은 너무나도
좁은 길이었습니다.
한 곡조의 선율이 지나가고
또 다른 선율의 음률이 이어지듯
그렇게 이어져 온 파란의 세월 속에서
어머니
당신의 주름은 깊기만 합니다.

나는 당신의 자궁처럼 좁은
그 길을 통해서

오늘 이렇게 여기 있습니다.
그 어느 곳도 아닌 여기
눈물과 탄식과 죽음을 넘어선 자리
내가 당신을 낳아 주는 자리
그리하여 당신은 나의 딸이 되고
영원한 누이가 되는 자리
지금 여기에서
홀로 당신을 바라보고 있습니다.

희 망

서도 프라자 단골식당
신포집에서 점심을 기다리다가
　　사람만이 희망이다
박노해의 서문을 읽었습니다

눈물이 납니다
청국장 그릇에 눈물 떨어질까봐
눈물을 훔치다 보니
　　나는 사람이 아니라 개다
　　물으라면 물어 버리는 개라고
소리치던 보안사 수사관의 얼굴이
떠오릅니다

사람으로 태어나
개처럼 살다 죽을지도 모를
그 사람이 자꾸 떠오릅니다.

그대에게

그리워는 해도
염려하지는 않겠소
손 시린 세상의 능선길을 걸어가는
그대의 뒷모습에서
흐르는 외로움이 발자국마다
고여 있다 해도
나는 그대를 염려하지 않겠소.
여기에서 보면
그대의 먹구름 위에는
늘 환히 비추는 햇살이
빛나고 있소
여기에서 보면
그대의 가슴 속에서 퍼덕이는
날개짓 소리가 들려 오고 있소.
여기에서 보면
그대의 하늘은 눈물겹게 푸르기만 하오.

여기에서 보면─.

아침에·1

이 아침에
바람은 어디에서 오고 있는가
나의 살갗은
바람을 거두며
그물처럼 열려 있다.

호미 끝에 부러진 고구마순의
아픔을 거두다가
감나무 가지 사이로
온몸을 부려 버린 구름을
올려보다가

이 아침에
나는 바람의 향내를 맡고 있다.

아침에·2

이 아침에
사랑은 어디에서 오고 있는가

못 견디게 손시린 세월의
기억을 털고
초록빛 산천을 채워 가는
나무들의 수액처럼
이 아침에 사랑은
내 가슴 속에서 길어
올려지고 있다.

세상은 무서운 것이라고
못 믿을 것은 사람의 마음이라고
말들 하지만
이 아침에
너를 가리키는 검지손가락
그 아래 나를 향한
세 개의 손가락이 보일 때

소리도 없이 사랑은
내 가슴의 빗장을 열고 있다.

물·1

나는 태어나 본 적이 없소
태초의 하늘을 떠돌다가 오늘은
이승의 우물물로 고여 있다 해도
나는 한 번도 태어나 본 적이 없소
흘러가는 시냇물
파도치는 바다에서
나는 나로 춤을 추고 있었을 뿐

나는 나이를 먹어 본 적도 없소
나는 어떤 추억도 없이
여기에서 여기로 흐르고 있을 뿐
꽃샘바람과 함께 흩날리는
봄눈과 함께 나는
하늘에서 땅으로
땅에서 하나의 흐름으로 돌아가고
있을 뿐

나는 어느 하늘 어느 땅에서도
머물러 본 적이 없소
나는 이전에 누구를 만난 적도 없소

한 점의 후회도 없이
나는 그 누구의 것도 아닌 나로
지금 흘러가고 있을 뿐.

물·2
— '하늘 씨앗' 창간에 부쳐

이승의 가장 낮은 자리를
찾아
나는 늘 가고 있다.

불 먹은 가슴이어서일까
아니면 하늘이 심어 준
역마살 때문일까
흐르고 흐르다가 온몸이 부서져도
돌 박힌 시냇물이 아니라면
무슨 재미로 살 수 있을까

이곳에서
숨만 쉬고서야 살 수 없지
황금의 밥그릇 속에 머물 수야 없지
산다는 건
내 몸이 부서져서 터져 나오는
노래를 만나는 일
그 음악 속의 하늘을 만나는 일이지

몸살의 가슴을 앓는 일몰의 바다에서

바다보다 낮은 하늘을 찾아
마침내 떠나는 일이지.

돌

나는 기다려 왔다
수억의 세월 동안 나는
나를 나로 보아 줄
그 한 사람을 기다려 왔다

내가 여기 있음을
내가 나의 색깔로
빛나고 있었음을
나의 얼굴을 있는
그대로의 얼굴로 보아 줄
그 한 사람을
나는 기다려 왔다

비바람 속에서 키워 온
나의 오랜 그리움을
처음 하늘이 열리던 그날부터
들끓었던 내 용암의 가슴을
만져 줄 그 한 사람
나는 그를 기다려 왔다.

지리산 벽소령

1
사람들은
자연 휴양림 만든다
산을 헐고 있고
산천은 모두 제자리에서
떨고 있다.
수없는 세월을 견디어 온
바위 위에 앉으니
내 가슴도 떨려 온다.
헐고
부수고
구멍 뚫어
이제는 다 버렸다
나도
이 세상도 다 버렸다.

2
골바람은 모두
나에게로 불어오고 있다.

나무고 땅이고 가릴 것 없이
쓸어 오고 있다.

그냥 숨만 쉬는 한나절
나의 무릎과 배 위에
얹혀진 낙엽들이 다시
비상하고 있다.

가을 나비들이
하늘을 가득 채우고 있다.

아 이

사십이 넘으면서
아이들이 보인다

늦바람처럼 귀엽고
늘 열려진 아이의 눈 속에는
어떤 세속의 썰물도
밀물도 없다.

바닥을 다 드러낸 뻘밭처럼
그냥 드러누운 아이의 배꼽
코딱지 사이로 내비치는
콧물을 바라보노라니
아이가 나를 보고 웃는다

내가 아이를 보니
아이 눈에 내가 보인다.

역마살

시냇물이 소리를 이루는 것은
그의 가슴 속에 돌이 박혀 있기
때문이지

부서지고 부서지는
세월의 물거품 속에서
나의 노래는 눈을 뜨고

내 가슴 속
박혀 있는 돌
그 위로 내가 흘러가고 있다.

장안산에서

시월의 산은
문득 가슴을 내려앉게 한다.

한 해를 다 보낸 쓸쓸함
한 생애가 이렇게 가버리면
어떡하나 하는 회한이
가슴을 서늘하게 한다.

지난 밤 사이에도
지지리 계곡의 물은
나의 머리맡을 그치지 않고
흘러 내려갔는데
그 물은 지금쯤
바다의 문턱을 밟고 있을 것이다.

이미 낙엽은
제자리를 찾아 떨어지고 있는데
나는 어느 자리로 떨어지는
낙엽이 될 것인가.

길

길을 보면 가고 싶다
가을걷이 끝나가는
산길을 돌아서
마침내 석양이 지는 곳

퇴적암처럼 쌓여진
나의 이별들을
지우고 또 지우다가
이제는 어떤 산새의 울음 소리
흘러가는 물 소리에도
귀를 닫고 가는 길
이승의 길들은 모두
나에게로 가고 있다.

이렇게 끝이 날 수는 없다고
소리 죽여 울고 있는 산천
바로 이 길을 따라서
나는 길 없는 저 산 너머로
노아의 배를 만들러 가야 한다.

사람의 발자국 소리가
모두 지나가 버린 길을 보면
나는 숨이 차다
길을 가면 나도
길이 되고 있다.

봄 소식

먼 동해의 물고기도
그리움이 진하면
붕새가 된단다.

참새와 제비 숨바꼭질 뛰노는
갈대숲 하늘 위
구만리 남쪽 바다로 날아가는
붕새가 된단다.

그냥 봄날을 기다리는
한 알의 씨앗
한 마리의 물고기
그리고 바다를 찾아가는
이승의 모든 물방울 속에도
그리움은 있다.

바로 그 그리움 속에서
나의 기다림은
오늘도 붕새의 꿈이 되었다가
메마른 내 늑골을
꿈틀거리고 있다.

지지리(知止里) · 1

자기 우물을 가진 사람들은
어디론가 숨어
세상은 늘 목이 마르다.

안다고
잘났다고 하는 생각들을 그치면
마음 고요해지고
그 생각 끝나는 곳에서
하늘은 열릴 터인데
아무런 쉴 곳도 없는 사람들이
오늘도 지지리를 찾고 있다.

자기 빛을 가진 사람들은
어디론가 숨어
세상은 늘 외롭다.

겨울을 못 이긴 나무들이
여기저기 쓰러진 산길
비를 담뿍 안은 구름이
장안산을 맴돌고 있다.

지지리·2

춘삼월 아침
지지리 계곡물에 손을 담그니
정신이 새롭습니다.

지금이 그 때다
그 때가 지금이다
손 시린 물빛 속에서 들려 오는
말씀을 듣노라니
지금까지 무슨 말을 하고 살았나 하는
회한만 깊습니다

춘삼월
지지리 계곡물에 손을 담그니
그 속에서도 따뜻한 기운이
느껴집니다
바위틈 석간수마냥
내 안에서 흐르는 눈물이
보여집니다.

삼월에

이번 봄에는 무슨
좋은 일이 있을 거라고
도란거리는 시냇물이
내 옆구리를 간지르고 있다.

그러고 보니
삼월의 시냇물 소리는
귀로 들려 오는 게 아니라
옆구리로 들려 오고 있다.

이 간지러움으로.

봉선화

내 속의 어둠이 여물어야
빛이 열리지
이 복장 터지는 세월 속에서
손끝만 대도 터져 버리는
나의 하늘이 열리는 게지.

망월동에서
-96년 영호남 종교인 5·18 민주 영령추모제, 추모시

이제는 눈물도 말랐습니다.
이제는 분노의 핏자국도 말라 붙은 지 오래입니다.
광주 금남로에서
세종로 종로 오가에서
이 나라 최루의 거리마다 쓰러진 넋들의 통곡은
우리들의 침묵 속에 깊이
가라앉아 있습니다.

그러다가 오월의 봄물이 올라오면
죽은 나뭇가지 끝에서 새순이 올라오듯
터지는 그리움과 아픔으로
그대들을 찾습니다.
그리운 얼굴들,
다시 불러 보는 이름들
우리 어찌 잊어버렸노라고 말할 수 있겠습니까.

참을 말하지 못하는 세상에서는
못생긴 돌들도 소리를 지른다는데
이 땅에서는 소리 지를 돌들도 없었던가요.
의인 열사들이 쏟아져 나오는 시대의 비석마다

새겨진 피묻은 사연들은
죽은 자는 말이 없다고
민주주의는 살아 남은 자들의 것이라는
언어의 기만을 폭로해 주고 있습니다.
평화의 길을 알지 못하는 자들이 휘두르는
권력과 정치가
얼마나 씻을 수 없는 한을 심어 주는가를
웅변해 주고 있습니다.
오늘 그대들은
지나간 세월의 비겁함으로 가슴을 치는 이들
이 땅에 살아남은 절망으로 죄인이 된
사람들의 눈물샘을 또다시
터뜨리고 있습니다.

나는 망월동 잔디 속에 깊이깊이 뿌리 박은
쑥뿌리를 캐내다가
이 나라의 눈물 먹은 달덩이들이
봉분마다 깃들어 있는 것을 보았습니다.
짓이겨진 상처들을 다스리며
슬픔의 뿌리를 거두어들이는 영혼들을 보았습니다.

40

몸은 죽여도
영혼은 죽일 수 없는 법이라고 소곤대는
말씀을 들었습니다.

오월의 영혼들이 쏟아부은 핏자국처럼
붉은 전라도의 황토 위로 이제는
사람의 마음 빛깔 같은 푸르름이
덮여지고 있습니다.
봄 소식을 전해 준 진달래는 흔적도 없지만
이제는 그 누구도 되돌릴 수 없는
봄날입니다.

이제는 승천하십시오.
서러운 한 세상 뒤로 하시고
한반도의 보름달로 승천하십시오.
슬픔을 넘어서
이 땅의 분노와 죽음을 넘어서
뿔뿔이 갈라선 청산을 내리 비취는
달빛이 되십시오.
그 달빛으로 우리는 멱을 감으며

무엇이 어둠인지 빛인지를 분별하는
정갈한 눈을 뜰 것입니다.
약자의 눈물
비겁한 자의 눈물을 버리고
하나인 조국
하나 됨의 세상을 그토록 염원하던 그대들의
애통한 눈물을 다시 흘릴 것입니다.

금남로에서

가난의 땅 설움의 뒷골목마다
숨어 있던 눈물들이 오늘은
서로서로의 안부로 만나는구나
마침내 하나의 흐름이고야 마는구나

분노로 쌓이고
그 분노의 타버린 티끌로 한숨 쉬던
이 어둠의 한 구석에도
살아서 흐르는 움직임이 보이는구나
저승의 문턱을 밟고 온 사람들이
다시 돌아온 이야기로 뒤덮이는
금남로 오일 팔 전야제의 풍경 속으로
오늘은 너도 가고
나도 간다만
어둡게 돌아섰던 사람들의
뒷모습에서 어떤 사랑의 불꽃이
일어설 것이냐

오늘은 진혼의 북 소리가
봄날을 녹이고

얼어붙은 내 가슴을 울리고 있다
앞서간 넋들을 부르고 있다
끝내 사화산의 분화구를 열고
터져 나오는 눈물들이
남도의 밤을 뜨겁게 새우고 있다.

인도로 가는 길·1

인도차이나의 상공
구름들은 싸우지 않고
잘 놀고 있다

구름을 내려다보노라면
구름처럼 떠오르는 언어들

만남,
그리움,
이들은 모두 나의 눈물샘 속에
고여 있다

이별을 위한 만남
만남 속에서 숨쉬는 이별
모두 벗어난 하늘
그 위로 내가 가고 있다.

인도로 가는 길·2

폭풍우를 뚫고 가는 비행기가
몸서리칠 때
사람들은 모두 기도를 한다.

아이고 하느님
오, 알라
비쉬나.... 관세음보살.

비가 그치고 창 밖에
햇볕 비치면
사람들은 모두 자기 얼굴로
돌아간다.
밥을 먹고
빵을 먹는다.

타슈켄트로 가는 길

지구에도 지붕이 있다더니
지붕 한번 크기도 하다
바라볼 눈은 모자라고
흰 눈은 계곡마다 쌓여 있다.

유월의 하늘 아래 펼쳐지는
천산(天山)의 설산들을 바라보노라니
한숨이 터져 나온다.
내가 이러는 것은
구름의 색깔 따라 울고 있을
저 아래 세상 때문일까
아니면 지층처럼 숨어 있던 내 속의
한이 터져 나온 것일까.

아무런 생각도 없이
구름이 흘러가고
눈보라는 휘돌고 있는데
나는 왜 이렇게 가슴만
시린 것일까.

제2부
·
전생을 묻는 이에게

웅포에서

입춘이 지난 철새들은
근질거리는 날개짓으로
시베리아의 꿈을 털고 있다.

배들은 모두 떠나가고
물그림자만 길게 남아서
옛 이름을 지키고 있는 웅포
내 소년기 영혼의 성감대를
열어젖히던 덕양정의 갈대 소리가
오늘은 더욱 푸근하다.

세상은 변한 건 없다.
새롭게 모양 낸 강둑을 따라
여전히 하루에 두 번씩 오고 가는
조수의 흐름처럼
나도 때맞춰 너에게
오고 갈 뿐,

이제는 피도 눈물도 썩고 썩어서
어떤 대책도 없는 황토빛으로

흘러가는 금강
아침 노을보다는
더욱 황홀한 석양 끝에 서서
나는 또
기다리고 있다.
네가 질 때까지.

파 도
—조재수 대금 연주회에서

내가 출렁이는 것은
바람 때문이 아니다.
이승의 가장 질긴 미련을 다스리며
내가 매일 잠 못 드는 것은
하늘의 달 때문이 아니다.

　　그러한 이유들이야
　　그대들의 생각일 뿐

나를 늘 못 견디게 하는 바람은
이미 내 안에서 불고 있었다.
내가 나로 일어서기 전부터
달빛은 저 홀로 빛나고 있었다.

산동 가는 길

전라도의 마지막 눈이
내리는 날
나는 처음으로 눈을 보았다.
지리산 산동면 넘어가는 길
눈을 보니
물이 보인다.
물이 보이니 세상이 빛으로
가득 차 있다.
산수유 꽃망울 터지는 세상
모두모두 빛나고 있다.

진도 쌍계사

정문 지키시는 사천왕은 휴거를 하셨나
빈집으로 남아 있는 쌍계사 사천왕전
강아지만 영접의 꼬리를 흔들고 있다.
절뚝이는 이 나라의 역사만큼이나
몸 무거운 진도 첨찰산 계곡에는
하늘을 가리우는 숲만 무성하다.
지금쯤은 삼별초의 혼들도
운림산방의 문턱에서 잠들어 있을까.
허망한 꿈을 불러일으키는
실패한 왕조의 시름만이
빗방울 속에 묻어나고 있다.
역사는 살아 남는 자의 것이라지만
승자도 패자의 흔적도 없이
섬 냄새 나지 않는 진도 쌍계사
어린 강아지들만 배웅의 꼬리를
흔들고 있다.

화순 운주사

나를 부처라고 부르지 말라
천불 천탑(千佛 千塔)
그 하나가 부족하여 날 새 버린
개벽의 꿈이 아쉽다고
말하지 말라

마지막 하나의 부처가
내 배꼽 위에 앉아 있는
너 자신임을 알기까지는
화순 들녘의 땀흘리는 중생들이
바로 내 자식들임을 알지 못하리라

나를 보고 미륵 세상을 노래하지 말라
내 몸이 부서져 닳고 닳아도
여전히 한스러운 세상
나의 기다림은 멀다

나를 누워 있는 부처라고 부르지 말라
나의 발끝에서 더 이상 절하지도 말라
너희가 입을 다물고 있을 때

56

일어서지 않을 때
나는 돌이 되어 이렇게 꿈틀거리고 있다.

이 밤이 새기 전에 그대
일어서는 부처가 되어야 한다
팔다리 잘려진 나의 용화 세상을
그대의 가슴 속에서 열어야 한다.

망해사(望海寺)에서

시월의 석양 끝에 서서
바라볼 하늘
바다
사람이 있다는 것은
행복하다

산다는 것은
눈을 떠
바라보는 일
일몰의 햇살은
파도 소리에 섞여
무릎 아래 흩어지고 있다

이쯤 오면
눈물이며
한숨 같은 건
부질없는 일
서해의 뻘밭에 숭숭
뚫린 게구멍에도
온갖 사연은 저물고 있다

시월의 석양 끝에서
다시 바라볼 하늘이 있는 사람은
행복하다
시월의 석양 끝에서.

가 뭄

가뭄의 들녘엔 피가 마르고 있소
수액이 말라붙는 나무들의 혈관
먼지 이는 저수지 옆 벼포기마다
목마름의 아우성이 지치고 있소.
이제 모든 것이 타 버렸노라고
끝나 버렸노라고
담배를 짓이기는 농부의 발뒤꿈치에선
풀죽은 모터 소리만
간간이 들려 오고 있소.
비는 물이 아니라 피요
하늘의 피, 땅의 피, 사람의 피
나무의 피, 풀의 피요
지금 가뭄의 들녘엔 농부들의 한숨이
퍼져 가고 있소
하늘도 마르고
땅도 마르고
인심도 말라 버린 세상
질 줄 모르는 햇볕만 내려쬐고
있소.

전생을 묻는 이에게

우리가 어찌
초면일 리 있겠습니까
이 세상에 오기 전 우리는
하느님의 의자 밑에서
숨바꼭질하며 놀지 않았던가요

우리가 다시
그분에게로 가면
쓸데없는 근심으로 지새우던
오늘을 웃지 않겠습니까
몸뚱이를 나로만 알던
철부지 어린 시절들
화내고 욕심 부리던 일들을
부끄러워하지 않겠습니까.

바 다

이미 물은 흘러 바다로 갔는데
그 바다는 어디로 떠났을까
칠월의 텃밭에 꼬부라진 오이를
바라보다가
흘러 흘러서 올라오는
흰 구름을 보니
어느새 승천한 바다가
나를 찾아오고 있다.

봄 눈

어제도
내일도 없이
삼월의 봄눈이 열리고 있다

눈을 떠
새롭게 볼 수 있어야
그대의 봄이지
타이르는 말씀이 지천으로
깔려 있는 산길
때이른 개구리들의 울음이
들려 오고 있다

산을 오름은
하늘을 파고 들어가는 일
나도
삼월의 산천처럼 봄눈을
뜨고 있다.

사랑을 위하여

화로의 뒤덮인 재
속에는
불이 들어 있소.

바람만 불어오면
고치 속 애벌레의 근질거리는
어깨처럼
나의 불씨들은
날개를 꿈꾸오

눈에 보이는 산천
모두를 불태워 버릴
꿈을 꾸오.

사 월

사월의 섬진강 물에
머리를 감았습니다.

이 계절에 머리를 감는 이들이
어찌 나 혼자뿐이겠습니까

산벚꽃 피어나는
사월의 산천과 함께
머리만 감고 돌아왔습니다.

낙엽을 바라보며

모두
물들고 있다.
아침 저녁으로
황토빛 죽음은
설레임처럼 다가오고 있다.
한 차례 바람의 빗자루에 쓸려
돌아가는 낙엽의 발걸음은
날마다 가볍다.

그래,
낙엽은 떨어지는 자리를 묻지 않지
결국은 제 무게로 떨어질 순간만을
눈짐작할 뿐,
날마다 높아 가는 하늘
그 하늘을 깊은 가슴으로
키워 가는 강물
모두 말이 없지.

이승은
모두 물들고 있다

남겨 둘 그리움 하나 없이
모두
돌아가고 있다.

새 재

어느 해 김신조 타고 내려온 북풍에
풍비박산 난 마을 터엔
찔레꽃만 뒤덮여 있습니다
이제는 보따리를 꾸리던 사람들의 한숨도
모두 삭아 버린 새재
더 이상 갈 곳 없는 마루턱에서
한스럽게 아름다운 찔레 향기에
내내 취해 있다가
무덤 하나 남기지 못하고
세상 떠나신 우리 예수님
무덤 하나 만들어 놓고 그만
내려왔습니다.

매 미

소나기 지나간
팔월의 아침나절
매미 소리를 듣습니다

온몸을 비워
천지를 울리는 소리를 내기까지
견디어 온 어둠을 털어 버리고
오직 지금을 노래하는 매미가
여름 들녘을 빛나게 합니다

한여름 햇살보다도
더욱 빛나게 합니다.

토벽당

전라도 화순
토벽당에는 깃털 하나
내려와 있다.

한 점 휴거의 바람이
불어오면
누군가의 입김 하나만 있어도
그 깃털은 떠오를 것이다

어떤
생각의 겨를도 없이
망설임도 없이
날아오를 것이다.

시 인

눈빛이 머무는 곳마다
모든 사물의 하늘을
열어 주는 사람
자비로운 젖가슴으로 그 하늘을
안아 주는 사람
허공을
날아가는 화살도 알고 보면
날아가지 않고 있음을,
떨어지는 낙엽도
사실은
떨어지지 않고 있음을
볼 수 있는 사람
이승의 탄식 소리를 바라보며
하늘의 울음을 대신
울어 주는 사람,

그대.

하 루

서해의 일몰은 파도의 끝에서
거품으로 부서지고 있소
그렇게 잠도 없는 나의 하루가
깨어지고 있소
일체가 순간이오
노을이 물들이는 나의 손끝이
떨리고 있소
그래, 바로 이 파동이오.

나의 하느님이 물에 젖고 있다

어디선가 또 둑이 터지려 하는가
빗소리는 나를 귀가 되게 한다.
홍수가 쓸어 버린
일산 들녘 신평리
사람마다 가슴엔 불이 꺼지고
어느 율법으로도 묶을 수 없는 하늘을
일몰의 어둠이 풀려 가고 있다.

누가 말했나
선한 자 악한 자의 머리 위에
똑같이 비는 내리는 거라고,
가난한 자 부자의 머리 위에도
햇빛은 똑같이 내리쬐는 거라고,
광화문에 내리는 비
일산에 내리는 비
그러나 한번 내린 빗물은
이 땅에선 공평치 못하구나.

양수가 터져 버린 강둑에는 이제
빈 울음조차 남지 않았다

귀를 버리고
눈을 버리고
입을 버린 농사꾼의 땅
돌아설 필요도 없는 바람만이
내달리는 벌판
사람들은 모두 어디로 갔는가.
발을 구르던 주인을 그리워하며
떠내려간 젖소들의 빈 헛간을 지날 때
농자는 천하에 대봉이라고 쓰여진
눈물겨운 담벼락을 지날 때
흐린 하늘 아래 떨고 있는
미루나무 가지 끝에서
나의 하느님이 물에 젖고 있다
나의 눈물에 젖고 있다.

어디선가 또 둑은 터지려는가
때늦은 장마비 소리
나의 온몸은 귀가 되어 가고 있다.

단 풍

가을
한나절의 햇볕에도
목이 탄다.

밤이면 별빛이 밝아
잠은 아니 오고
목만 탄다.

나 무

사람들은 소낙비를 피하여
달음박질하고 있다
감나무 밑으로
처마 밑으로
밑으로 밑으로 비를
숨고 있다.

사람들이 모두 숨어 버린 세상엔
비를 피하지 않는
나무들만 제자리에 서 있다.

고 창

하루의 수업을 마치고 돌아가는
하늘 아래
바라보면 눈물 나는 소나무들이
모여 있는 곳
나는 모양성 활터 옆의 대숲 바람을
즐겨 만났지

목소리는 떠나가고
단재 선생의 비석만 남아서
전라도 판소리의 맥을 잡는 곳
나는 먼지 이는 선운사 길을
곧잘 걸었지

무슨 청승이었던가
부모님 모두 떠나 보내고
혼자 남은 하숙생활
나는 서쪽 성벽을 타고 앉아
노을 지켜보는 재미로
살았었지

솔그늘 어둠에 잠겨지고
밤이슬 맞으며 내려오던 길
그래도 그곳에는 생손가락 앓던
아우의 피고름을 빨아 주는
인심이 살아 있었지
고창, 내 꿈속의 고향이지.

개망초

조선 토종이 아닌 나에게도
개자를 붙여 주시니 황감할 뿐입니다
토종이면 무조건 개자와 똥자를 붙여대는
세상에서
나의 뿌리가 이렇게 깊어진 것을 생각하면
그나마 다행한 일이지요
누구는 밭이 망하려면
개망초가 나는 법이라고 하고
또 누구는 산다는 건 무엇이든
자존심을 갖는 거라 말들 하지만
무얼 먹어도 똥은 제 똥을 싸야 한다는
한 생각으로
오뉴월 뙤약볕을 견디고 있지요
인적 없는 자갈밭머리에서
흔들리고 있지요.

채송화

바늘 하나 꽂을 자리만 있어도
뿌리를 내려 너는
너를 피워내고 있구나

삶은 곤고한 것이라
사람들은 말하고
쉽게들 절망하지만
그런 게 아니라고
결코 그럴 수 없노라고
온몸으로 도리질하고 있구나

하늘을 활짝 웃고
있구나.

제3부
·
황토현에서

입암산

정읍의 입암산은 보물산이라고
만나는 사람마다 자랑했더니
그 보물 어디에 있느냐고
닦달 받았지요

입암산은 하늘이 주신
영산이라고
만나는 사람마다 자랑했더니
누구하고 접선했느냐
입에서 쓴내 나게
닦달을 받았지요

입암산에 흐르는 시냇물
돌 하나 나무 한 그루
그 위를 지나가는 구름 한 점까지
모두모두 나의 보물이라고
대답했더니
그런 것 말고
그런 것 말고
핏발 선 눈 날 새기로
닦달 받았지요.

살모사의 꿈

그대가 살모사라면 그 누군들
짓밟고 지나가겠는가
법률도 세상 이치도
그물과 같아서
뚫고 지나갈 힘 없는 놈은
한 목숨으로 꺼져 갈 뿐이지
산다는 것은 장담 못할 일이라지만
이 개같은 절망 앞에서야 어찌
힘 한번 써 볼 수 있을까
이래 저래 골병 드는 세월만 깊어 가고
뼛속의 한숨만 커 가고
이제는 살모사의 꿈만 꾸는 게지

달

잘도 가는구나
불 꺼진 세상의 창 밖으로
가기도 잘하는구나
죽도록 앓아도
서둘지 않고
이승의 물굽이를 건너가는
그대의 뒷모습이 이리도
가깝건만
적막한 세상
다시는 눈물 흘리지 않겠노라고
모질게 먹은 마음들이 저마다
회초리를 들고 나오는구나
까닭도 없는 매질을 하고 있구나.

해시계

지난 밤 북두칠성의 이름도
자미성의 추억도
모두 잊었다

산다는 것은 지금 나의
그림자를 드리우는 일
바로 여기에다 나의 슬픔을
꼿꼿이 세우는 일

여백처럼 비어 버린 세월을
한 칸 한 칸 점지하며
하늘 땅 그 사이의
어느 허공에서
말없이 죽어 가는 일.

황토현(黃土峴)에서

광화문의 고름을 짜러 간
봉준이 형은 돌아오지 않고
황토현 마루엔
고추잠자리만 맴돌고 있다
이렇게 맴돌고 있는 이름들이야
하나 둘이 아니건만
한번은 시원하게 쥐어짤
세월의 등창 위에 꽂을
대패침 하나 없이
나도 이렇게 맴돌고 있다
고추 먹고 맴돌고 있다.

탄식에 부쳐
—녹두장군 古宅에서

황토 바람만 홀로 불고 있구나
한 세기를 지나도 못 감을
차가운 눈빛만이 구천을 떠돌다가
황토현 마루 건너오는 오월

무엇인가 하늘 땅이 툭하고 열리는
봄 소식을
기다려 온 두승산 산자락에
산울림도 사라지고
이제는 속속들이 침묵만 남은 땅
쓸개도 없이 여지껏
뒤척거리는 나의 어둠을
어느 바람으로 날려 보낼 것인가

갑오년의 함성이며 한숨 같은 거
녹두밭 머리 파랑새도 이미
떠나간 지 오래
육자배기 잦아드는 전라도의 혼불도
정월 대보름 밤의 추억일 뿐
차창 밖으로 달려가 버린 풍경처럼

88

스쳐 보내지 못하는 슬픈 기억들이
쌓이고 쌓여
아득한 벼랑 하나 눈앞에 보인다.

피 묻은 한 사람의 진실이
영원의 세월을
구원할 수 있었다는 데
세월이여 역사여 사람이여
염병할 내 가슴
탄식의 혓바닥으로 내가 서 있구나.

분수(噴水)

내려선다는 것은 슬픈 일이다
올라선다는 것은 더욱 슬픈 일이다―

사람이 사람으로 산다는 것
이 시대에 부서지지 않는 인간성이란
무엇인가를 궁리하다가
누군가를 죽이고 싶어 몸이 떨릴 때
한 마리 짐승이 되어 울부짖고 싶을 때
나는 분수를 생각한다
비상의 끝에서 이를 악무는
분수를 생각한다
이에는 이로
눈에는 눈으로 갚아야 한다고
내 반란의 피가 끓을 때
늘 제자리에 떨어질 줄 아는
분수를 생각한다
이 物神의 거리에서는 너의 모든 것들이
헛짓이라고 노오란 은행잎이
발치에서 나를 부를 때
공원으로 올라가는 가파른 계단에서

90

갑자기 숨이 막힐 때
내 眩氣의 정신 한가운데서
분수는 솟아 오른다
그렇게 부서질 수야 있느냐고
끝내 일어서고야 마는
목숨이어야 하지 않느냐고
분수는.

서해 일기

　1
지금 바다에 나가면
밀물이 오고 있을 것이다.
항구를 그리워하는 배들이
사람의 그물에 몸살 난
물고기들이
몰려오고 있을 것이다.

지금 바다에 나가면
넘실대는 파도를 따라
그대의 시름이 밀려오고 있을
것이다
바다에 나가면….

　2
나의 술잔은
오늘 피로 물들고 있다
아니
서해의 일몰로 춤추고 있다.

나의 술은
나의 바다는
그저 몸살의 가슴으로
오늘도 뒤척이고 있다.

3
아직도 나의 가슴은
식지 않았단 말인가
머나먼 해저에서 꿈틀대는
용암의 꿈을
포기하지 못했단 말인가

서해는 일몰의 목을 비틀고 있는데
마저 죽지 못한 나의 목숨은
왜 이렇게 헐떡이고 있단 말인가.

4
아들아, 이 소금기 절은 땅에서

무슨 소리를 들었는가

저는 이 세상의 갈매기가 슬피 우는
한 무더기 황혼을 보았나이다.

아들아, 이미 나의 성소는 불타 버렸거늘
어떤 하늘을 보았다 하는가

저는 사람으로 살아가는 저주를
보았나이다
죽어 흐르는 눈물 당신의
기다림을 보았나이다.

약수정(藥水亭)

우물 속의 달을 건져 가라 하면서
지붕은 뭣하러 만들었는가
그대의 지붕 하나만 들어내면
이 땅의 구석구석마다
숨어서 숨죽이는
달덩이들이 쏟아져 나올 텐데
우물 위에 푸른 기와는
뭣하러 올려놓았는가
못생긴 그대의 가슴 하나만
들어내면
오, 이 천지간에 나의 눈물 먹은
달덩이들이
승천의 기쁨을 노래할 텐데
그대 어쩌자고
우물 위의 지붕은 만들었는가.

미륵사에서

수수밭 머리
미루나무 가지 끝을 뒤흔드는
바람 속에서
처서의 하늘이 풀려 가고 있다.
어떤 기다림의 발자국 소리도
들려 오지 않는데
흐르지 못하는 세월의 물살 소리를
꿈꾸며
천 갈래 이산의 떼구름들이 갈라서고
있다.
인생은 깊게 살기 위해
사는 거라는데
이렇게 멍든 세월로야 어찌
일어설 수 있으랴.
몸둘 바 없이
주먹을 움켜쥔 눈물로
아니면 잠을 깬 굶주림으로
그것도 아니면 이 강산의
세월보다도 질긴 그리움으로
떠오르는 정토의 나라가
노을 속으로 빨려 들어가고 있다.

바 람

꼭 솔숲이 아니래도 좋다
맑은 오줌물만 부어도
그 키를 더해 가는 대숲에서도 난
나의 칼날을 세울 수 있다.

꼭 기름진 흙이 아니래도 좋다
황토흙 널려진 들판에서도
노을을 향해 홀로 달려가는
더운 가슴을 나는 키워낼 수 있다.

은행잎

아직은 노란 물도 들지 않았는데
움츠린 어깨 위로 은행잎이
떨어지고 있다.
떨어지는 것이야 어찌 은행잎뿐이겠는가마는
떨어지는 것을 보면 겁이 난다.

이제는 화도 나지 않는다
왼쪽 가슴 깊은 곳에서 기침처럼 치미는
한숨과 탄식뿐,
이것은 내가 겁쟁이가 되었다는 것일 게다
독백하고
혼자 웃고
한밤에 가위 눌리는 것은
무사태평으로 살아가자고
줄 것도 받을 것도 없이 살아가자고
나를 타이르는 것은.

명동에서 학교에서
이 나라의 거리에서 투신한
목숨들

그 표정 없는 얼굴들이 내 앞에서
흔들리고 있다.
물들지 않는 은행잎이 흩어지고 있다.

사랑가

더 이상 물러설 수 없는
나의 방어선을
나도 죽고 너도 죽는
이 싸움터를
어쩌자고 그대는 서 있는가.

노을빛 내 눈가를 적시는
그대의 눈물을 향해
오늘은 귀 없는 나의 이름을
마음놓고 적노니
사랑이여
어쩌자고 그대는
내 죽음의 터를 지나서
달려오고 있는가.

사람의 아들

둘이 산다는 건
두 배의 고독을 만나는 일이요.

신(神)을 믿는다는 건
신의 고독을 나누어 갖는 일이요
질병보다도 더 깊고
질긴 병을 앓는 일이요.

사람으로 살아가는 외로움을
죽은 뒤에도 포기하지 않는 일이요
아니
내 속에 악마들을 키우는 일이요.

개구리

어느 세상의 못다한 말들을
몰고 오는 소나기인가
개굴아, 개굴아
비구름보다도 낮고 낮은
저음으로
이 땅의 밤을 뒤덮는 개굴아
어느 세상의 못다 피고 진
꽃들의 낙화로
몸부림 치느냐
달도 저물고
이웃 같던 별들도 저문
자정의 밤을
개굴아
미치고 있느냐.

자명고

나는 북이다.
두드리면 두드리는 만큼
소리를 내어 울리는
북이다.

두드려 줄 북채도 없이
저 혼자 울고 있는
북이다.

이 땅의 울음을 울려 줄
목숨들은 어디로 갔나.
이 대낮의 암흑 속에서
내 사랑의 얼굴들은
모두 어디로 갔나.

나는 북이다.
나는 누구냐고
쓸개도 없이 이 밤을 뒤척이는
나는 누구냐고
소리 죽여 우는
북이다.

귀를 위하여

이미 이판사판으로 자빠져 있소
귀 까진 놈은 남의 말 안 듣는
놈이라고 하는데
이제는 나도 내 귀를 못 말리오

어떤 관상쟁이는 나를 보더니
입을 다물었소
어차피 자기가 무슨 말 해 봐야
동네 개 짖는 소리로 들릴 터인데
무슨 말을 하겠소라고

나갈 생각만 안한다면
문이야 무슨 필요가 있겠소
그 마음 하나 내려놓지 못하고
나는 오늘도 내 귀를
탓하는 것 아니겠소

귀는 귀요
떨어진 귀를 다시 붙여도
아니 고호처럼 내 귀를 떼어내도

내 손바닥 위의 귀는
내 귀요.

토란잎

왜 너는 빗물에 적시지 않느냐고
야단치지 마세요
이승의 모든 얼굴들이
산천의 나무들이 모두
물기에 적셔질 때
왜 너는 너만을 고집하느냐고
비웃지 마세요
나에게도 떨어지는 빗방울로 빚어지는
나의 노래가 있고
나의 춤이 여기 있어요
왜 너는 이 빗속에서
빗물에 적시지 않느냐고
말하지 마세요.

진달래

왜지
두 눈 비비고 바라보는 山川마다
잊혀졌던 사랑을 만나듯
너는 피어 있었구나

두 눈을 감아 버리자고
모질게 마음먹어 버리자고
돌아선 내 추억의 기억마다
너는 그렇게 피고 있었구나

아! 四月은
병이 도지는 달
불러 줄 이름도 없는 내
눈물의 山川마다 꽃이
피는 달.

노을

죽은 자는 죽은 자로 장사지내라 하시지만
죽어도 한바탕 싸우다가 죽겠습니다

이 분노
이 발작의 뿌리가
뽑혀질 때까지

나는 이 세상을 떠나지 않겠습니다.

천마총

천지간에 뒤숭숭한 비구름만 쌓여
눈 하나 줄 곳 없는 오월
내 어쩌다 불먹은 가슴이 되어
이곳을 서게 되었는가

몹쓸 것은 눈물
참으로 몹쓸 것은 힘 없는 자의
주먹임을 교훈하는
크나큰 봉분 위에
오늘은 나의 말뚝을 박을 일이다.
답답한 세월
천마총 깊숙이 웅크린 호박돌 같은
나의 한을 풀어낼 일이다.

사 월

사월이면
솟아나는 청보리의 목을
나는 차마 꺾지 못하네

이 땅엔 꺾이는 자들의
비명도 많아
때아닌 눈이 내리고
들녘엔
숨가쁜 이상 기류의 날개짓이
수상하기만 하네

나는 가고 싶네
간지러움처럼 봄물 드는
산천
자진하는 뻐꾸기의 울음을
거두러 가고 싶네.

고향·1

고향은 무슨 놈의 고향
김, 이, 박 성받이 턱받이로
전라도 경상도 싸우는
이런 한심한 골짜기에서
나의 고향은 없다.

　　삼십팔도 북방 한계선
　　압록강 장백산 줄기를 건너
　　눈이 모자란다는 벌판
　　나의 고향은
　　하늘과 땅이 그렇게 만난다는
　　들녘이다.

이 땅의 고향을 누가 부르다가
죽었느냐
이제는 백제의 이마에 불던
쓰라린 바람으로
북간도의 잠을 털고 일어서야지

이 땅에 늘 푸른 문신처럼 남아

잠궈진 문고리를
잡아 흔들어야지
이 나라의 가슴 툭툭 터지는
그날의 몸부림으로
이 밤을 달려가야지.

고향·2

이 땅에선 고향을 말하면 안 돼
모두들 고향을 말하지 않는데
그리워하지도 않는데
아예 고향조차 모르고들 있는데
고향을 말하면 그대는
이단자
정죄의 칼날 아래 애꿎은
목숨만 날릴 뿐
부질없이 부질없이
이 땅의 고향은 그대의 죽음일 뿐

망나니의 칼날이 목을 지나가고
마침내 땅바닥에 뚝 떨어지는
머리통 하나
그래도 그래도 감을 수 없는
나의 눈빛 속에서
고향은 보이네
말 못할 나의 고향이 보이네.

거 울

나의 거울엔
아무 것도 보이지 않는다.

어떤 소식 하나
전해 오지 않는
이 겨울 저녁

나는
그대의 입김을 지운다.

백무동

굶주림으로
걸어가는 지리산
굽이굽이
갈 길은 멀어
달 하나 집어삼켰네.

이제야 불러오는
나의 뱃속에
둥둥 떠오르는 달
달.

파개(破開)
─미륵사 돌부처에게

1
꽃물 드는 세상이라면
돌부처 노릇도 그만두어야지

아, 정말
그건 그렇네.

2
강태공의 낚시 바늘이야
내 눈가의 주름 속에
널려 있는 걸
미륵산
산자락의 아침 안개가
스러질 때
내가 꼬집고 있는 것은
그대의 옆구리가 아니라
세월이야
세월.

아이들

벌거벗은 임금의 수치를
고함치던
눈 맑은 아이가
요즘 세상에도 있을까
엄마의 뱃속에서부터
땡전 뉴스에 연속극
온갖 딴따라 풍악에 귀 익어 온
아이들이
어찌 눈 맑은 아이들일 수 있을까
영혼은 나이가 없을 터인데
입 있어도 말 못하는
어른들의 세상
아이들이
아이들이 그립다.

흥복사(興福寺)에서

산은 青山
절 앞에 흐르는 물은
濁水로구나
산 青山
물 濁水
어차피 우리네 세상이야
이런 궁합으로 돌아가는데
메슥거리는 속을 다스리며
추스리며 살아가는데
병신처럼
병신이 되어가고 있는데
사람이여
눈 감은 부처여
이것이 뭣고.

萬石里

만석리 들녘
핏빛 노을이 운다.
이맘때 울음이야 하나 둘이
아니건만
노오란 현기증으로 달려와서
나를 우는 울음이 떠 가는구나.

우는 자는 우는 자의 눈물로나 가라지
슬퍼하는 자는 슬퍼하는 슬픔으로나
눈 감으라지
어둠을 밟아가는 퇴근의 발목을
염려하면서
하루의 죽음을 재촉하는
이 분명함,

언제나 마지막이고야 마는 만석리
노을의 빗장을 열고
나는 내려선다
스스로 어지러운 대지
내려설수록
하늘은 높아만 가고.

어떤 타이름

두 개의 나라가 머리를 부딪히는
나라에서는
공부할 일 하나밖에 없는 거야
오직 입을 다문 눈치로
문풍지 떨리는 기다림으로
온순 착실한 식민지 교육의
근성으로
학문이라는 도피성으로 파고
들어가는 거야

숨죽이다 못해 누구는
소리 지르다 가고
누구는 진달래 꽃마냥 그렇게
지기도 하는 모양이더라만
이래 저래 차디찬 봄 소식에 불과함을
명심하도록
두 개의 나라가 싸우는 하나의 나라
공부할 이유 하나로 숨을 쉬는 나라
그래 너도 이제부턴
순종하는 마음 하나로 두 눈 딱
감는 거야
그렇게 하는 거야.

사월에

사월에 떨어지는 거야 어찌
꽃잎뿐인가.
가부간에 무언가 떨어지겠지
떨어지겠지 하는
기다림도 떨어지는 게지.
아직도 꽃샘바람 춤추는
이 사월에
떨어지는 꽃잎을 보았는가
어떤 빛깔로 흐느끼는
목숨을 보았는가.
사월에는 사월도 떨어지고
마는 게지
그대여 참으로 이 사월에
떨어지는 것이 어찌
꽃잎뿐이겠는가.

바람에게

나는 너를 향한 방패,
이 땅의 모든 소리를
한 소리로 잠재우는 너의
폭력을 향하여
온몸으로 찌르는 창이다.

오랜 망부석의 슬픔처럼
이 세월을 맨몸으로 서서
눈 똑바로 서서
어떤 생략법도 없이
이 땅의 피 묻은 낙화를 이루는
너의 미간을 향하여
날아가는
날아가는 창이다.

戀歌

오월에 잠 못 이루는 이유야 어찌
텃논의 개구리 때문이겠는가.
만석리 들녘의 바람도
선운사 동백꽃 그 넘어 도솔암의
천길바위까지
그리고 모양성 오백 년 묵은
노송도
개구리 소리로 밀려오는 밤
이승은 모두 개구리 소리 되어
떠내려 가고 있는데
그대여,
흐르지 못하는 나의 오월을
잠 못 드는 이유가
어찌 개구리 울음 때문이라고 하겠는가.

대 숲

산돌이
보름이
철부지 아이들이 구멍 낸
창호지 문살 사이로
눈을 뜬 대숲 소리
들어온다.

아, 이렇게 너는
이 땅의 바람들을 잠 깨우고
있었구나
숨죽인 통곡만이 자지러지는
남도의 오월을
흔들리고 있었구나.

제4부

아침에 쓰는 일기

十字架

내가 내려설 땅은 한 평도 없구나
그리하여 올라선 나의 하늘은
그저 허공
텅 빈 허공일 뿐
하늘도 땅도 아닌 나의 허공에
나는 매달려 있을 뿐
이승은 죽을 일 하나만 남아
가물거릴 뿐
오, 사람 사는 일을 생각하면
이 땅은 눈 캄캄한 절망일 뿐
사람이여
사람이여.

예수에게 · 1

물이 왜 물 소리를 이루는 줄을
바람이 왜 바람의 소리로
울려 오는 줄을
내가 왜 한 잔의 거룩한
포도주로
살아 있는 떡이어야 하는 줄을
알게 해 준 사람
나는 그대의 옆구리를 만진다
이 만지고 만지는 내
눈물겨운 생활의 손끝에서
그대는
물처럼
피처럼
나를 적시고 있다.

예수에게·2

그대는 독약이요

그대를 담아내는
피묻은 말구유

내가 그대의 빈 무덤이
될 때까지

그대는 나의 속앓이오.

아침에 쓰는 일기

1
내 가슴에는 단검 하나 박혀 있어
늘 피를 흘린다.
　　나는 어찌 어린 양 예수처럼
　　음매하고 소리만 지를 수 있을 것인가
　　아니면
　　피묻은 단검을 빼어 들 것인가

내 가슴에는 불길 하나 타고 있어
늘 목이 마르다.
　　나는 언제 십자가라는 가시떨기 위에서
　　온전히 꼬실라질 수 있을까
　　아니면
　　마지막 방황의 도전장을 낼 것인가.

내 가슴 속에서 하느님은 단검이고 불길이고
방황의 바람이고 씨름꾼이다.
내 가슴 속에서 하느님은 하늘이고 땅이고
바다이고 끝내 눈물이고 만다.
불쌍한 하느님

나를 불쌍하게 하는 하느님

  2
십자가에서 당신은
저들은 저들이 하는 짓거리를
모른다고 했소.
그러니 저들을 용서해 주십사고 했소
하늘도 땅도 아닌 허공에서
죽어 가던 당신처럼
오늘 나에겐 손바닥을 박는 못과
옆구리 찌르는 창은 없소.
그러나 당신처럼 십자가에 매달려 있기는
마찬가지인 것 같소.
염려와 근심으로 날밤을 새운
당신의 사람들은
이 아침에도 숨을 죽이고
덩달아 당신을 업신여기고 있소.

오늘도 용서, 용서, 용서

하옵소서.

3
뼈와 살만으론
사람이 아니지
뜨거운 피가 돌아야 사람이지
그 피를 흘리고 흘려서
한 세상 뒤엎을 수 있다면
이승의 불신과 고뇌
가진 자의 교만과 빈자의 무기력을
부활시킬 수 있다면
인간으로서의 비참함과
부러진 자존심을
일으켜 세울 수만 있다면
아, 그것은 유혹이지
나의 초조함이지
아니, 그리스도의 꿈이지.

당신은

내가 보여 눈물이 날 때
내 몸뚱이와 영혼이 두려워질 때
최루의 거리에서
이 땅의 심연이 보일 때
한 여인의 손끝에서
종교가 보일 때
당신은 나를 바라보고 있습니다.

눈물겨운 춤판이 끝이 나고
석양 끝에 설 때
반역의 물살들이 모조리
서해로 끌려가는
금강을 내려다볼 때
당신은 내 속에서 웅크리고 있습니다.

유다 日記

옛날에는
열두 명 중에 한 사람이
가룟 유다였다지만
오늘 이 세상은
열두 명 중에 열한 명
아니 열두 명 중에 열두 명
모두 가룟 유다.

갈보리의 피바람이 불어
울던 그날
엘리 엘리 라마 사박다니
울던 그날 오후
그래도 그분은
자신을 향하여 눈을 감는
하늘이 있었지

너희는 나를 위하여
울지 말고
너와 네 자녀들을 위하여 울라
울라

너희는 네 자신의 십자가를 지고
나를 따르라는
이를 악문 말씀이 있었지

그 옛날 갈릴리의 해변가에는
열두 명의 제자가 그를 따랐다지만
오늘은 나를 버릴 하나님도
청천의 하늘을 뒤덮을
구름도 없어
모두 없어.

新 사도행전

이제는 땅을 봐야지
예수도 떠나간
하늘 위에는 비행기 다섯 대
구름 속을 간다.

하늘, 구름, 허공
이제는 올려다볼 하늘도
없이 텅 빈 세상
이제는 땅을 봐야지
사마리아의 먼 끝을 향하여
걸어야지
살아야지.

갈보리의 노래

나는 그대의 피
그대 살의 그리움 하나로
배 부르다
눈 한번 떴다 감아도 쳐들어 오는
유혹의 潮水를 따라
半球의 끝을 달려 봐도
넘나들지 못하는 물살에 젖어
昏睡의 잠이나 짊어지고 걸어가는
내 젊은 생애의 종점
그대의 눈빛은 이승의 손가락 끝
불을 밝힌다.
그래 불이어야지
두번 다시는 눈물 뿌리지 않을
구름 같은 約束
그 허무한 뿌리의 끝까지 태워 버릴
불이어야지
더 이상 가벼워질 살도 없이
뼈도 없이 말라 가는 싸움으로
피투성이 호흡으로 일어서는
심지가 되어

불 밝혀야지

나는 그대의 불
그대의 어둠으로 눈을 뜨는 바람
다시는 사랑의 물 소리마저 내지 않는
강물이 되어
스스로 발 붙이지 못하는 물살의
가슴으로
하루는 불이 되고
또 하루는 구름이 되어 흐르는 세월
오직 텅 빈 그리움 하나로
올라서리라
그대 기다리거라
기다리는 그대 슬픔의 福이 되어
흔들리거라
불면의 밤을 반짝이는 믿음의 날개짓마다
몸서리치는 이 밤의 오금이 떨리노니
참혹한 流星의 꿈으로 부서진 목숨들이
이슬이 되어 내리노니
기다리거라

슬프게 쓰러진 그대의 노을을 두고
만물의 탄식을 귓전에 두고
눈꺼풀에 잠그고
나도 이 뜬 세상 그대처럼 떠서
피를 흘릴 때까지.

십자가 아래서

1
그대의 그림자 내리는 미소
하나의 표정만으로도
오늘 밤의 잠은 충분하다
값싼 알콜로야 어찌 잠재울 수 있었으랴
어리석음과 허망함과 세상의
온갖 더러움을
어찌 씻어낼 수 있었으랴

방황의 넋으로 뒹굴어도
끝내는 지켜야 할 어둠의 하늘
그 아래 버려진 길을 걸어
걸어서
나의 길이 보이나니
오늘 밤 너를 사랑할지라
죽음으로도 다함 없을
너의 괴로움을 사랑할지라.

2

불빛이 그리워 숨어 버린
이 나라 사람들의 어둠
허물어진 믿음의 길바닥을
그대는 걸어가고 있나니
그대
뒤를 돌아보지 말라.
이 밤을 일렁이는 소금 기둥의 신음이
그대의 뼈를 녹이노니
쓰디쓴 잔이 되어
고이고 있나니

보이지 않는 사람들의 상처
뒤틀린 목숨들의 헛된 꿈을 찾아
번제의 어린 양은
쓸쓸한 울음을 울고 있나니
피 흘리는 뜨거운 사랑으로만
확인되어지는
시대의 부스럼마다
그대의 십자가는 서 있노니

서 있노니.

3
머리 둘 곳 없는 잠으로나
밟아 가는 그대의 뒷모습을
가만히 불러 본다.

좋은 얼굴들은 모두 떠나 보내고
맥없이 푸르기만 한 반도의
하늘 아래
멍들어 가는 가슴
이제는 쓸모없는 탄식만 남아
이 땅을 떠돌고 있구나

백 번을 죽어도 못 감을 그대의
눈빛을 떠돌고 있구나.

기도·1

무작정
내려서는 것
내가 보여
눈물 나는 것.

마음 속의 말들을
지우고
또 지우다가
울음만 남겨 두는 것.

기도·2

눈물의 동굴을 지나면
나타나는 길
이제는 서 있을 기력도 없다

산은 높고
물은 깊어
어디 눈 줄 데 하나 없다.

기도·3

나무는
바람과 싸우지 않는다.
하늘이 다시 맑아지는
이 아침
자기만큼 흔들릴 뿐.

손끝 간지러운 미풍
뿌리채 뽑히우는 폭풍에
온몸을 맡겨 버릴 뿐.

밥 · 1

밥아
너의 어물쩡한 이름
왜 너는 하필 밥인가
온갖 인고의 세월을
살아 나와
결국은 삶아지고
나의 어금니 속에서 속절없이
짓이겨지고야 마는
너를 생각하면
하늘나라가 네 안에 있노라고
두 눈을 부릅뜨던
예수의 얼굴이 떠오른다
열려진 무덤 같은
이승의 목구멍을 향하여
단도직입적으로
먹혀 버린 그 생애가
내 두 눈을 덥히고 있다.

밥·2

내가 그대를 먹는 것은
나도 그대가 되고자 함이요
흰쌀밥 먹어
붉은 피 되는 역설을
살고자 함이다
사람에게 사람보다 더 좋은
벗은 없노라고
눈물이며 땀이며 피보다
더 좋은 이름은 없노라고
말하고자 함이다
내가 그대를 먹는 것은
굶주린 나의 창자를 채우고도 남는
그대의 넉넉함을
배우고자 함이다
주어도 주어도 다함 없는
나의 하늘과 땅
그 아래 젖은 눈물을 뿌리고자
함이다.

신 발

오늘도 신발 한 짝만 벗어 들고서
당신 앞에 서 있네요
마저 벗지 못한 나의 발치엔
부끄러움 같은 황토흙이 울고
있습니다

날이 갈수록 무서워지는
이 세월

이제는 제발 신발을 벗으라는
탄식을 듣고 있습니다
한마디 변명도 필요 없이
네 신발을 벗으라는 말씀만
듣고 있습니다.

성탄 아침에

오늘만은 눈물 흘리지 않는
하루이게 하소서
아스팔트 맨바닥으로 내몰린
철거민의 설움
오늘도 속아픈 가슴을 쥐어뜯는
이 땅의 어머니들
그 설움의 가슴애피를
마구간에서부터 흘리신 당신의
눈물로 지워 주소서
오늘만은 진정으로 뜨거운
눈물을 흘리게 하소서
이 땅의 설움을 통채로 부여안다가
짓이겨진 당신의 자존심을 위하여
버림받은 자의 찢어진 심장을
위하여 울게 하소서
오늘만은.

성탄 아침

오늘은 말씀이 육신이 되신
아기 예수님
내 마음 속 태어나신 날
그리하여 내 육신도
말씀으로 깨어나는 날

창문 하나 열고 보면
서늘한 바람은 이렇게 불어
오는 것을
이 땅의 슬픔을 지우고
끝없는 괴로움을 지우고
아기 예수님 이렇게
탄생하시는 것을.

바다의 별

목숨의 몇 방울 진액을 떨구어
빛을 갈던 별이었다
어깨 너머로 무심히 내려다보던
어제의 별은
희미하게 깜박이는 자신의 몸뚱이가
슬픔으로만 보이기 시작했었다

몇 번인가 죽음의 자맥질이
노여움의 바다에서 이루어지던 날 밤
별은 또 다른 하늘의 별들을
만나기 시작했었다.
하늘의 별
바다의 별
별은 어디서고 별이었다
한번 죽은 별은 또다시
죽지 않는 별이 되었다.

소리없이 일어서서 불타는 마음들의
가슴을 치는 어둠은 깊어 가고
별은 이슬처럼 내리는 눈물을

밤새워 거두며 떨고 있었다.
또 다른 별들의 별이 되고 있었다.

숯덩이가 저 혼자

숯덩이가 저 혼자
금강석이 될 수 있을까
오늘도 내가
깨어날 수 있음은
이 어둠의 세월 속에서
쓸개 녹는 아픔이
있었던 까닭이지
나의 어둠이 내 안에서
빛이 될 때까지
흘려 온 눈물이 있었던 까닭이지
저기 가을 햇살이
구름이
있었던 까닭이지.

포도가 저 혼자

포도가 저 혼자
포도주가 될 수 있을까
오늘도 내가
사람으로 살아감은
단지 속 같은
내 삶의 자리에서
열을 받는 일.

분노와 시름의 거품들을
모조리 잠재우고
죽고 죽어서
불 먹은 가슴
영원히 썩지 않는 포도주가
되는 일.

하느님 나라

당신의 하늘은
나의 발끝에 내려와
나는 더 이상 피할
하늘이 없다.

쇠저울처럼 내 삶은 무거워도
구석구석마다 기다리는
당신의 나라
나는 더 이상 숨을
하늘이 없다.

아 침

피묻은 돌멩이를 들고
내가 동생을 지키는 자입니까
살기 어린 눈초리로 부르짖던
가인처럼
그렇게 서 있는 나를 보았습니다.

아직은 촛불 하나 켜지지 않은
빈방에서
나는 그 누구의 얼굴 하나도
바라볼 수가 없습니다
만져지는 것은 사면의 벽
오직 갇혀 있다는 사실만을
확인시켜 주는 어둠뿐

이 어둠 속에서
눈을 뜨라는 음성을 듣습니다.
너의 눈만 뜬다면
너의 가슴만 열 수 있다면
부르짖는 탄식을 듣습니다

이제 손에 쥔 돌멩이를 내려놓고
당신을 바라봅니다.
무지개처럼 떠오르는 아침을.

화 두

추사 선생 귀양살이하던
강진 도암에서
순천으로 떠나 취임식하는
윤재경 목사 교회에 갔다가
송광사에 들렀습니다.
그리고 물 한 모금 먹었지요.

그 정도면 다 먹은 것입니까.

송현샘 교회

지나는 이의 발자국 소리만 듣고도
짖어대는 삽살개 한 마리
골목에서 달려 나올 것 같다.

개발의 소음으로 포위되어
실향민의 꿈조차 낯설게 날아가 버릴
인천 동구 송현 2동
지금은 옛 시대의 유물 이름처럼
기억 속에 남아 있는 연탄이
숨차게 배달되는 비탈길을 따라
오막살이 예배당이 서 있다

집 나간 지 오래인 누이의
안쓰러운 얼굴로
따뜻한 양지자락처럼 맞이하는
조목사의 거처는
그의 얼굴보다도 더 안쓰럽다
그의 목소리에는
멀리서 들려 오는 출항의 뱃고동 소리
아니면 목관 악기에서 숨 터지는

입바람 소리가 숨어 있다

여기에서 바다는 멀지 않다
지금은 잠잠한 그 바다에서
불어오는 석양의 바람 끝에서
한 시대의 작은 위로처럼
송현샘 교회가 서 있다.

작품 해설

석양 끝에서 열리는 하늘
– '산다는 것'의 실존 해명

김우규

• 작품 해설

석양 끝에서 열리는 하늘
-'산다는 것'의 실존 해명

김우규(문학 평론가)

　이병창 시인은 1970년대에 들어서면서 작품활동을 시작한 것으로 알고 있다. 이 무렵은 알다시피 이른바 유신체제하에서 그 출구를 예측할 수 없는 긴 터널에 진입하던 암울한 시절이었다. 신학계에서는 이때 민중신학이 고개를 들기 시작했고, 그런 시대의 흐름과 때를 같이하여 시인들은 민중의 목소리를 시에 담고 있었다. 문익환, 양성우, 정호승, 장효문, 김창범, 고정희, 김정환 등의 등장이 그것이다. 이병창 시인의 출발도 이와 맥락을 같이한다. 이번에 출간하는 시집 ≪나의 하느님이 물에 젖고 있다≫ 는 그 7,80년대의 열병과 도전을 거쳐 90년대의 형이상적 성찰에 이르는 근 30년 동안의 조련찮은 시업(詩業)의 결산이다.

1. 열병과 혼절의 기록
-분노하는 하느님

　이병창 시인의 시를 읽어 본 사람이면 그가 얼마나 시와 인생에 대한 명분 찾기에 집요하게 매달리는가를 쉽게

발견하게 되리라. '산다는 것'에 줄곧 자문을 던지고 있는 것이 그것이다. 이 시인에게 있어 '산다는 것'은 사람이 그저 한 세상 살아가는 일상적인 생존을 의미하는 것이 아님은 말할 것도 없다. '인생을 깊게 살기 위해 사는 거'(〈미륵사〉에서)요, '사람이 사람으로 사는 일'(〈분수〉에서), 그리고 내가 '나로 사는 일'(〈어머니〉에서)이다. 그것이 이 시인이 줄기차게 추구해 마지않는 실천적 명제요, 부동의 철칙이다. 그리고 여기에는 '지금, 여기'라는 도저한 상황 인식이 항상 바탕에 깔려 있다. 그만큼 이 시인은 지금 '내가 여기 있음을/내가 나의 색깔로'(〈돌〉에서) 어떻게 살아갈 것인가 하는 투철한 자아의식을 정립하는 데 혼신의 정열을 쏟고 있다.

이것은 무엇보다도 '사람이 사람으로 산다'는 것이 여지없이 짓밟히고 부서지던 저 암울한 시대에 불거져 나온 인간 복권에의 열망에서 비롯된다.

> 법률도 세상 이치도
> 그물과 같아서
> 뚫고 지나갈 힘 없는 놈은
> 한 목숨으로 꺼져 갈 뿐이지
> 산다는 것은 장담 못할 일이라지만
> 이 개같은 절망 앞에서야 어찌
> 힘 한번 써 볼 수 있을까
> 이래 저래 골병 드는 세월만 깊어 가고
> 뼛속의 한숨만 커 가고
> 이제는 살모사의 꿈만 꾸는 게지.
>
> ─〈살모사의 꿈〉에서

이것은 '힘 없는 놈은 한 목숨으로 꺼져 갈 뿐'인 '이 개같은 절망' ―그 절체절명의 궁지에서 토해내는 신음 소리(뼛속의 한숨)이다. 하지만 이 시인은 그 혼절의 고비에서, 그럼에도 불구하고 가쁜 숨을 몰아쉬며 고개를 치켜든다. '살모사의 꿈'을 키워 가는 몸짓이 그것이다.

    내 가슴에는 단검 하나 박혀 있어
    늘 피를 흘린다.
        나는 어찌 어린 양 예수처럼
        음매하고 소리만 지를 수 있을 것인가
        아니면
        피묻은 단검을 빼어 들 것인가

    내 가슴에는 불길 하나 타고 있어
    늘 목이 마르다.
    나는 언제 십자가라는 가시떨기 위에서
    온전히 꼬실라질 수 있을까
    아니면
    마지막 방황의 도전장을 낼 것인가.
                                        ―〈아침에 쓰는 일기〉에서

이리하여 시인은 마침내 '피 묻은 단검을 빼어들'고 '마지막 방황의 도전장을' 내리라는 건곤일척(乾坤一擲)의 칼날을 벼린다. 이것은 '누군가를 죽이고 싶어 몸이 떨릴 때/한 마리 짐승이 되어 울부짖고 싶을 때' 그리고 '이에는 이로/눈에는 눈으로 갚아야 한다고/내 반란의 피가 끓을 때'(〈분수〉에서) 발하는 서슬 퍼런 선언이다.

몹쓸 것은 눈물
참으로 몹쓸 것은 힘 없는 자의
주먹임을 교훈하는
크나큰 봉분 위에
오늘은 나의 말뚝을 박을 일이다.
답답한 세월
천마총 깊숙이 웅크린 호박돌 같은
나의 한을 풀어낼 일이다.

　　　　　　　　　　　　　　　　　　ㅡ〈천마총〉에서

꼭 솔숲이 아니래도 좋다
맑은 오줌물만 부어도
그 키를 더해 가는 대숲에서도 난
나의 칼날을 세울 수 있다.

꼭 기름진 흙이 아니래도 좋다
황토흙 널려진 들판에서도
노을을 향해 홀로 달려가는
더운 가슴을 나는 키워낼 수 있다.

　　　　　　　　　　　　　　　　　　ㅡ〈바람〉의 전문

죽은 자는 죽은 자로 장사지내라 하시지만
죽어도 한바탕 싸우다가 죽겠습니다

이 분노
이 발작의 뿌리가
뽑혀질 때까지
나는 이 세상을 떠나지 않겠습니다.

　　　　　　　　　　　　　　　　　　ㅡ〈노을〉에서

이 반란의 끓는 피, 끝간 데 없이 치닫는 디먼적인 충동
은 그러나 얼마나 비극적인 자기 주장인가. 그것은 이미
절망이 예정된 배반당한 정열이다. 또 그것이 '개같은 절
망' 앞에서 이를 드러내며 포효하고 저돌하는 강자(?)들의
몫일 수는 없지 않은가. 시인의 사명은 분명 따로 있는 것
이리라.

2. 우리 시대의 아픔의 증언
—불쌍한 하느님—〈아침에 쓰는 일기〉에서

이 시인은 그 디먼적인 헤로이즘의 전말을 진작 예상한
것일까. 그는 마침내 '분수'를 생각하는 시인으로 그 '반
란의 피'를 안으로 다스린다.

> 나는 분수를 생각한다.
> 비상의 끝에서 이를 악무는
> 분수를 생각한다.
> ……
> 내 반란의 피가 끓을 때
> 늘 제자리에 떨어질 줄 아는
> 분수를 생각한다.
> 　　　　　　　　　　　　　—〈분수〉에서

절망하여 물러서거나 주저앉는 것이 아니다. 그 '비상
의 끝에서 이를 악무는' 내면의 도사림을 견고히 다진다.

> 그렇게 부서질 수야 있느냐고

166

끝내 일어서고야 마는
목숨이어야 하지 않느냐고
분수는

이 시인은 그 '혼절의 현기증'에서 끝내 일어서고야 말
리라는 안간힘으로 자신을 추스린다. 그러면서 여기에서
다시 '산다는 것'의 명분을 새로이 일깨운다.

산다는 것은 지금 나의
그림자를 드리우는 일
바로 여기에다 나의 슬픔을
꼿꼿이 세우는 일

여백처럼 비어 버린 세월을
한 칸 한 칸 점지하며
하늘 땅 그 사이의
어느 허공에서
말없이 죽어 가는 일

—〈해시계〉에서

이 시인은 여기에 와서 '산다는 것'에 대해서 새로운
성찰을 가하고 있다. '지금 나의 그림자를 드리우는 일/
바로 여기에다 나의 슬픔을/꼿꼿이 세우는 일'이라는 자
각이 그것이다. 서슬 퍼런 적의의 칼날이 아닌 '나의 슬
픔'을 '지금·여기'에다 세우는 일이라고. 이 시대의 아
픔을, 그 상처의 흔적을 말뚝을 박아 '꼿꼿이 세워' 불멸
의 증언을 남기겠다는 것이다.
그리고 보면 위 시의 인용에서 '하늘 땅 그 사이의/어

느 허공에서/말없이 죽어가는 일'이라고 했을 때의 '어느 허공'은 그저 의미 없는 텅 빈 공간이 아님을 알 수 있다. 이를테면 하늘도 땅도 아니면서 동시에 하늘에도 땅에도 이어질 수 있는 제3의 공간이라고 보아야 하지 않을까. 그렇지 않고서는 '나의 그림자를 드리우는 일'이며 '여기에다 나의 슬픔을 꼿꼿이 세우는 일'이 불가능할 것이기 때문이다. 그런 의미에서 '여백처럼 비어 버린 세월을/한 칸 한 칸 점지하며/…… 말없이 죽어가는 일'이라고 했을 때의 죽음은 죽음의 통상적인 개념을 역전시키는 어법이라 하겠다. 다시 말하면 진정으로 '산다는 것'의 역설적인 혹은 적극적인 표현이라고 본다.

나는 북이다.
두드리면 두드리는 만큼
소리를 내어 울리는
북이다.

두드려 줄 북채도 없이
저 혼자 울고 있는
북이다.

이 땅의 울음을 울려 줄
목숨들은 어디로 갔나.
이 대낮의 암흑 속에서
내 사랑의 얼굴들은
모두 어디로 갔나.

168

나는 북이다.
나는 누구냐고
쓸개도 없이 이 밤을 뒤척이는
나는 누구냐고
소리 죽여 우는
북이다.

  사람은 이 시인이 말하는 '物神의 거리'에서 '사람이 사
람으로 산다는 것'이 거덜날 때, 자기 존재의 위기를 자
각한다. 그 순간 '내가 나로 사는 것'의 존재 이유를 찾
고자 한다. '크나큰 봉분 위에/오늘은 나의 말뚝을 박는'
행위가 그것이다. 이 같은 결단을 통해서 나의 실존을 드
러낸다. 하이데거가 말하는 실존 해명이다. 시 〈북〉의 메
시지는 다분히 이 같은 의미를 내포하고 있다. 이 시인은
그런 북이고자 한다. '이 땅의 울음을 울려 줄 목숨들'이
사라지고 '내 사랑의 얼굴들'이 실종된 '이 대낮의 암흑'
속에서 이 땅의 울음을 대신해서 '소리 죽여 우는' 증인
이고자 한다. 이것은 이 시대의 비극에 대한 증언임과 동
시에 나아가서는 그런 목숨들이 겪어 온 울음(고통)을 함
께 나누려는 안타까운 갈망이 깃들어 있는 북이기도 하
다. 역시 하이데거가 말하는 이른바 실존적 사귐과도 일
맥상통하는 의미를 담고 있다.
  녹두장군을 추모하면서 쓴 다음의 시 〈탄식에 부쳐〉도
그 발상을 같이하는 것으로 보아진다.

  무엇인가 하늘 땅이 툭하고 열리는
  봄 소식을
  기다려 온 두승산 산자락에

산울림도 사라지고
이제는 속속들이 침묵만 남은 땅
쓸개도 없이 여지껏
뒤척거리는 나의 어둠을
어느 바람으로 날려 보낼 것인가

갑오년의 함성이며 한숨 같은 거
녹두밭 머리 파랑새도 이미
떠나간 지 오래
육자배기 잦아드는 전라도의 혼불도
정월 대보름 밤의 추억일 뿐

차창 밖으로 달려가 버린 풍경처럼
스쳐 보내지 못하는 슬픈 기억들이
쌓이고 쌓여
아득한 벼랑 하나 눈앞에 보인다.

피 묻은 한 사람의 진실이
영원의 세월을
구원할 수 있었다는데
세월이여 역사여 사람이여
염병할 내 가슴
탄식의 헛바닥으로 내가 서 있구나.

— 〈탄식에 부처〉에서

　‘두승산 산자락에/산울림도 사라지고/이제는 속속들이
침묵만 남은 땅’‘녹두밭머리 파랑새도 이미 날아간 지 오
래’된 이 불모의 산천에 ‘슬픈 기억들이 쌓이고 쌓여’ 눈

앞을 가로막는 '아득한 벼랑' 앞에서 토해낸 탄식 속에는
'피 묻은 한 사람의 진실'을 자기 몫으로 받아들이고 보상
하려는 비장한 결의가 스며 있다고 보아야 하지 않을까.

3. 삶과 죽음의 경계를 넘어서
—코페르니쿠스적 전회(轉回)

이 시인은 시 〈벼〉에서 저 7,80년대의 '여백처럼 비어
있는 세월을/한 칸 한 칸 점지하며' 각인(刻印)해 온 열병
과 혼절의 기록들을 다음과 같이 집약하고 있다.

> 내가 한 알의 씨앗으로 떨어진 이후
> 참 정신없이 살아왔었지
> 나는 삶이란 싸움이요
> 투쟁인 줄 알았어
> 온몸으로 부대끼는 고통의
> 연속인 줄 알았지
>
> 반란의 창날 같은 자존의
> 끝을 세우며
> 숨막히는 무더위와
> 땡볕으로 갈라지는 논바닥에서
> 내가 늘어진 적이 몇 번이었던가
>
> 그 혼절의 현기증 속에서
> 지옥이란 저승에 있는 것이
> 아님을 알게 되었지.

171

이 시인은 자유의 이름으로, 정의의 이름으로 '삶이란' 싸움인 줄로만 알고, '반란의 창날 같은 자존의 끝을 세우며' 살았으나 그 싸움의 현장에서 수없는 좌절을 겪으며 빈사의 지경에 처하여 지옥의 고통이 바로 이승의 현실임을 알게 된 뼈저린 경험을 술회하고 있다. 지난 어두웠던 폭정의 시대를 살아온 현실 인식의 결산인 셈이다. 이 같은 현실 인식은 시 〈十字架〉에 그 비극성이 극명하게 투명되어 있다.

> 내가 내려설 땅은 한 평도 없구나
> 그리하여 올라선 나의 하늘은
> 그저 허공
> 텅 빈 허공일 뿐
> 하늘도 땅도 아닌 나의 허공에
> 나는 매달려 있을 뿐
> 이승은 죽을 일 하나만 남아
> 가물거릴 뿐
> 오, 사람 사는 일을 생각하면
> 이 땅은 눈 캄캄한 절망일 뿐
> 사람이여
> 사람이여

'사람 사는 일을 생각하면/이 땅은 눈 캄캄한 절망일 뿐'인 허공 속의 죽음은 저 파스칼적 전율(무한대한 공간의 영원한 침묵)을 압도하고 있다. 그런데 앞에 인용한 〈벼〉에서 보인 현실 인식은 이른바 코페르니쿠스적인 전회랄까, 크게 일전(一轉)하면서 새로운 산천이 열리는 경이로운 국

면으로 이어지고 있다.

> 지금은 시월
> 나는 서늘한 바람을 온몸으로 즐기며
> 흔들리고 있지
> 씨앗이 열매가 되고
> 열매가 다시 씨앗이 되는 세월 속에
> 나의 하늘이 있었음을
> 알게 되었지
> 세상은 늘 좋은 일만 있는 것임을

—〈벼〉의 후반

　'지금은 시월' — '숨막히는 무더위와 땡볕으로 갈라지는 논바닥에서' 늘어지던 열병을 식혀 줄 서늘한 바람이 내 온몸(전존재)을 흔들어 주고 있다. '삶이란 고통의 연속인 줄 알았던' 내가 '세상은 좋은 일만 있는 것임을 알게' 된 것이다. 삶에 대한 '앎(인식)'이 이렇게 긍정적으로 뒤바뀌는 전회(轉回)의 순간이 '도둑처럼(요한계 16:15)' 다가온 것이다. '씨앗이 열매가 되고/열매가 다시 씨앗이 되는 세월 속' — 이것은 단순한 계절의 순환이라기보다는 창조의 섭리요, 그 낌새가 아니겠는가. 여기에서 시인은 마침내 '혼절의 현기증' 그 미망에서 벗어나 새로 깨달은 '나의 하늘'을 열어 보이고 있다.

> 여기에서 보면
> 그대의 먹구름 위에는
> 늘 환히 비추는 햇살이

173

빛나고 있소
여기에서 보면
그대의 가슴 속에서 퍼덕이는
날개짓 소리가 들려 오고 있소.
여기에서 보면
그대의 하늘은 눈물겹게 푸르기만 하오.

여기에서 보면 — .

─〈그대에게〉에서

'여기에서 보면' — '그대'의 먹구름 위에는 늘 환히 비추는 햇살이 빛나고 있는, '그대'의 가슴속에서 퍼덕이는 날개짓 소리가 들려 오는, '그대'의 하늘은 눈물겹게 푸르기만 한 여기는 어디일까?

이쯤 오면
눈물이며
한숨 같은 건
부질없는 일
서해의 뻘밭에 숭숭
뚫린 게구멍에도
온갖 사연은 저물고 있다

시월의 석양 끝에서
다시 바라볼 하늘이 있는 사람은
행복하다
시월의 석양 끝에서

─〈망해사〉의 후반

174

위의 시에서 보는 '눈물이며 한숨 같은 건 부질없는 일'로 보일 '이쯤'이란 지점이 '여기'가 아닐까. 그곳은 또 '다시 바라볼 하늘'이 있는 바로 '시월의 석양 끝'이 아닐까. 이 시인의 시에는 '일몰' 혹은 '석양 끝'이 자주 나오는데, 그 지점을 주목할 필요가 있다.

- 아침 노을보다는/더욱 황홀한 석양 끝에 서서/나는 또/기다리고 있다/네가 질 때까지 —〈웅포에서〉
- 눈물겨운 춤판이 끝이 나고/석양 끝에 설 때 —〈당신은〉
- 서해의 일몰은 파도의 끝에서/거품으로 부서지고 있소 —〈하루〉
- 일몰의 햇살은/파도 소리에 섞여/무릎 아래 흩어지고 있소 —〈망해사에서〉
- 몸살의 가슴을 앓는 일몰의 바다에서/바다보다 낮은 하늘을 찾아 —〈물〉

물론, 그 '일몰'이나 '석양 끝'은 일차적으로는 시간적·공간적 배경일 터이지만, 그보다는 어떤 사건을 예시하는 한계 상황으로서의 상징성이 짙다. 가령 위의 인용 시만 하더라도 '석양 끝'이 '다시 바라볼 하늘'로 이어지고 있는 것이라든지 시 〈웅포에서〉의 석양 끝이 '네가 질 때까지/기다리고 있'는 기다림의 대상이라는 점에서 그러하다. 이를테면 그만큼 종말론적인 이미지를 담고 있다. 그렇다면 이 '석양 끝'의 '끝'은 '다시 바라볼 하늘'의 시작인 셈이다. 따라서 그것은 끝이면서 끝이 아닌 시작이요, 시작이면서 시작이 아닌 끝으로 이어지는 고리라고 본다면 지나친 비약일까.

175

이 같은 해석이 용인된다면, 시작과 끝은 따로 있는 것이 아닌 셈이 된다. 즉 시작이 곧 끝이요, 끝이 곧 시작이란 말이다. 그렇다면 생과 사도 이와 마찬가지로 또한 따로 있는 것이 아니다. 사는 것이 곧 죽는 일이요, 죽는 일이 곧 사는 일이다. 이 시인은 시작과 끝을, 생과 사를 이 같은 영원한 회귀의 눈으로 보는 것이 아닐까. 나의 이 같은 추론은 다음에 소개하는 〈물〉이란 시를 읽어 본다면 설득력을 얻을 것으로 본다.

나는 태어나 본 적이 없소
태초의 하늘을 떠돌다가 오늘은
이승의 우물물로 고여 있다 해도
나는 한 번도 태어나 본 적이 없소
흘러가는 시냇물
파도치는 바다에서
나는 나로 춤을 추고 있었을 뿐.

나는 나이를 먹어 본 적도 없소
나는 어떤 추억도 없이
여기에서 여기로 흐르고 있을 뿐
꽃샘바람과 함께 흩날리는
봄눈과 함께 나는
하늘에서 땅으로
땅에서 하나의 흐름으로 돌아가고
있을 뿐
나는 어느 하늘 어느 땅에서도
머물러 본 적이 없소

나는 이전에 누구를 만난 적도 없소
한 점의 후회도 없이
나는 그 누구의 것도 아닌 나로
지금 흘러가고 있을 뿐.

'나는 태어나 본 적이 없소'—태어남이 없으니 시작과
끝이 따로 있을 리 없고, 생과 사가 따로 있을 턱이 없
다. 태초의 하늘을 떠돌다가 이승의 우물물로, 하늘에서
땅으로 땅에서 하나의 흐름으로 돌아가고 있을 뿐, 그야
말로 무시무종(無始無終)으로 흘러가고 있을 뿐인 물, 그
런 물의 사상을 이 시인은 시적 발상의 근거로 정립해 가
고 있는 것으로 보인다.
    그런데 우리는 여기에서 다시 짚고 넘어가야 할 과제를
앞에 두고 있다. 그것은 '산다는 것' 또는 '나로 산다'는
것의 행방이다.

4. 참으로 '내가 나로 사는 것'
　　　-눈떠 보게 하는 하느님

산다는 것은
눈을 떠
바라보는 일
일몰의 햇살은
파도 소리에 섞여
무릎 아래 흩어지고 있다

　　　　　　　　　　　　　　-〈망해사〉에서

'산다는 것', '내가 나로 산다는 것'의 참된 존재 방식

을 찾아 오랜 방황을 거듭해 온 이 시인은 이제 하나의 도달점에 다다른 것으로 보인다. '산다는 것'은 '눈을 떠 바라보는 것'이란 깨달음이 바로 그것이다. 눈을 떠 바로 바라보는 것이란 개안(開眼)이요, 견성(見性)이다. 미망의 안개를 거두어 버리고 진리를 깨달아 앎이다. 이럴 때 생과 사의 얽매임에서 벗어나 자유인이 되는 것이다. '너희가 진리를 알지니 진리가 너희를 자유케 하리라'(요한복음 8:31, 32). 바로 앞에서 본 시 〈물〉과 같은 경지에 이르는 것이다. 해탈이랄까, 이를테면 무애자재(無碍自在)의 하늘이 열리는 것이다. 이병창 시인이 '산다는 것'은 그런 눈을 떠 바라보는 일이요, 눈을 떠 바라본다는 것은 '모든 사물의 하늘을 열어 주'고, 그 하늘을 '자비로운 젖가슴으로 안아 주'고, '이승의 탄식 소리를 바라보며 하늘의 울음을 대신 울어 주는' 행위를 포괄한다. 그가 말하는 시인도 바로 그런 눈을 가진 사람을 가리킨다.

눈빛이 머무는 곳마다
모든 사물의 하늘을
열어 주는 사람
자비로운 젖가슴으로 그 하늘을
안아 주는 사람
허공을
날아가는 화살도 알고 보면
날아가지 않고 있음을,
떨어지는 낙엽도
사실은
떨어지지 않고 있음을

볼 수 있는 사람
이승의 탄식 소리를 바라보며
하늘의 울음을 대신
울어 주는 사람,

그대.

우리는 지금까지 이 시인이 '산다는 것'의 자의식이 분노하는 하느님, 즉 '살모사의 꿈'을 키워 가는 정치적인 단계, 불쌍한 하느님, 즉 '나의 슬픔을 꼿꼿이 세우는' 윤리적인 단계를 거쳐서 마침내 눈을 떠 바라보는 철학적·종교적인 단계에 다다르고 있음을 보게 된다. 눈을 떠 바라봄으로써 하늘을 열어 가는 새로운 깨달음의 경지가 그것이다. 심지어 '날아가는 화살도 알고 보면 날아가지 않고 있음을, 떨어지는 낙엽도 사실은 떨어지지 않고 있음을 볼 수 있는' 눈이 열린다. '전라도의 마지막 눈이 /내리는 날/나는 처음으로 눈을 보았다/……눈을 보니/물이 보인다/물이 보이니 세상이 빛으로 가득 차 있다'(《산동 가는 길》)라든지 '바닥을 다 드러낸 뻘밭처럼/그냥 드러누운 아이의 배꼽/코딱지 사이로 내비치는/콧물을 바라보노라니/아이가 나를 보고 웃는다//내가 아이를 보니/아이 눈에 내가 보인다'(《아이》)라든지 '이미 물은 흘러 바다로 갔는데/그 바다는 어디로 떠났을까/칠월의 텃밭에 꼬부라진 오이를/바라보다가/흘러흘러서 올라오는/흰 구름을 보니/어느새 승천한 바다가/나를 찾아오고 있다'(《바다》의 전문)와 같은 이 모든 존재의 신비는 '모든 사물의 하늘을 열어 주는' 그런 눈 앞에서 마침내 그 베일을 걷고 다가오는 것이다.

　라이너 마리아 릴케의 시 〈시간시〉에 이런 대목이 있다.

　　만물은 되다 만 미완성품들,
　　나의 눈길만 기다리며 우뚝 멈추어 선다.
　　내 눈은 제법 어른스러워
　　깜짝일 적마다 만물은 그리던 신부인 양
　　하나씩 다가온다.

　'모든 사물의 하늘을 열어 주는' 시인의 눈과 릴케의 눈이 여기에서 하나로 통하는 것인가. 새롭게 볼 수 있는 눈 앞에서는 모든 사물이 새롭게 탄생하는 존재의 신비를 읽게 된다. 다음의 시는 그 같은 시적 체험의 비밀을 절묘하게 담고 있다.

　　이건 아니야
　　이건 나로 사는 게 아니야 하고
　　머리를 흔들 때
　　당신은 나를 바라보고 있습니다.
　　—중략—
　　나는 당신의 자궁처럼 좁은
　　그 길을 통해서
　　오늘 이렇게 여기 있습니다.
　　그 어느 곳도 아닌 여기
　　눈물과 탄식과 죽음을 넘어선 자리
　　내가 당신을 낳아 주는 자리

그리하여 당신은 나의 딸이 되고
영원한 누이가 되는 자리
지금 여기에서
홀로 당신을 바라보고 있습니다.

—〈어머니〉에서

눈을 떠 본래의 나를 보기 이전의 '나로 사는 것'에서 벗어나, '지금·여기'에서 새롭게 볼 수 있는 깨달음에 이르렀을 때 그 '어머니'는 내 안에서 새로이 태어나는 것이다. 이 지점에 와서 우리는 언어가 '존재의 집'으로 그 구실을 자리매김해 가고 있는 시적 개안(開眼)의 자취를 읽게 된다. 이리하여 우리는 이 시인이 기다려 마지않던 '처음 하늘이 열리던 그날부터 들끓었던 내 용암의 가슴을 만져 줄 그 한 사람'으로 '지금 여기'에서 만나고 있다.

나의 하느님이 물에 젖고 있다

초판 인쇄/1997년 12월 15일
초판 발행/1997년 12월 20일
ⓒ 1997. 미래문화사

지은이/이병창
펴낸이/임종대/펴낸곳/미래문화사
등록 일자/1976년 10월 19일
등록 번호/제3-44호

주소/서울시 용산구 효창동 5-421 ㉾ 140-120
전화/715-4507/713-6647
팩시밀리/713-4805

정가 4,000원

• 작자와의 협의하에 인지는 생략합니다.
• 잘못 만들어진 책은 바꾸어 드립니다.